당신의
고독 속으로

당신의 고독 속으로

초판 1쇄 발행 2024년 5월 31일

지은이 김웅길
펴낸이 장길수
펴낸곳 지식과감성#
출판등록 제2012-000081호

교정 김지원
디자인 서혜인
편집 서혜인
검수 김나현, 이현
마케팅 김윤길, 정은혜

주소 서울시 금천구 벚꽃로298 대룡포스트타워6차 1212호
전화 070-4651-3730~4
팩스 070-4325-7006
이메일 ksbookup@naver.com
홈페이지 www.knsbookup.com

ISBN 979-11-392-1811-4(03810)
값 17,000원

- 이 책의 판권은 지은이에게 있습니다.
- 이 책 내용의 전부 또는 일부를 재사용하려면 반드시 지은이의 서면 동의를 받아야 합니다.
- 잘못된 책은 구입하신 곳에서 바꾸어 드립니다.

지식과감성#
홈페이지 바로가기

당신의
고독 속으로

김응길 제10시집

序詩

역마살로 인해
머물지 못하는 당신도
지치고 힘이 들면
기댈 곳을 찾겠지요

예쁘게 마음 집 짓고
다독이며 기다리노라면
가까운 날에 찾아오겠지
꼭 오겠지요

목차

제1부
고독 속으로

고독예찬孤獨禮讚 | 15
인생人生 | 16
타협 | 17
퍼즐 맞추기 | 18
낙엽의 귀환歸還 | 19
슬픈 현실 | 20
12월의 편지 | 21
고독 만들기 | 22
시간 여행 | 23
꿈꾸는 재회再會 | 24
너를 위하여 | 25
홀로서기 | 26
마음먹기 | 27
대숲에서 | 28
세월 | 29
갈증 | 30
자화상 | 31
함께하기 | 32
길 | 33
고향 | 35

제2부
고독이 숨어 있는 곳

39 | 강변 수채화

40 | 잊힌 풍경

41 | 산길을 걸으며

42 | 고향길

43 | 하산下山

44 | 세모와 네모

45 | 겨울 그 호수湖水

46 | 강마을

47 | 새벽 그 강

48 | 산사의 봄

50 | 입춘

51 | 어둠 그리고 강

53 | 상처

54 | 봄바람

55 | 호수의 연가戀歌

56 | 봄맞이(1)

57 | 봄맞이(2)

58 | 어느 봄날

59 | 화수분

60 | 나무야

제3부
갈대의 노래

갈대밭에서 | 65
고수부지의 가을 | 66
내려다봄 | 67
갈대 예찬 | 68
반려伴侶 | 69
가을비 | 70
사실事實 | 71
후회 그 시작 | 72
습관 만들기 | 73
새로운 출발 | 74
너 | 75
생각의 전환 | 76
분할납부 | 77
타협 | 78
수사자 | 79
비슷한 길 | 80
까치와 비둘기 | 81
새로움 | 82
허울 | 83
토닥임 | 84

제4부
삶 그것은 고독

89 | 노인정에서
90 | 짧은 기도
91 | 떠나는 것들을 위하여
92 | 나이테
93 | 소문
94 | 두려움 그 진실
95 | 그렇군요
96 | 나팔꽃
97 | 바람 그리고
98 | 장례식장에서
99 | 은퇴
100 | 빗방울
101 | 꽃잎
102 | 석별惜別
103 | 중년
104 | 다짐하기
105 | 죽음에게
106 | 어떻게 살아
107 | 월급쟁이
108 | 일기를 쓰세요

제5부
사랑 그 고독

사랑을 위하여 | 113
위안慰安(1) | 114
어느 소녀에게 | 115
행복 찾기 | 116
어머니 기일忌日 | 117
현대인의 하루 | 118
딱 그만큼만 | 119
소꿉놀이 | 120
정말이야 | 122
위안慰安(2) | 123
너를 위하여 | 124
내려놓기 | 125
알고 있나요 | 126
어느 은퇴자에게 | 127
마주 보기 | 128
선생님께 | 129
1930년생 | 130
위안慰安(3) | 131
아내에게 | 132
그대여 | 133

제6부
생각이 머무는 곳

136 | 권력에 대하여
137 | 낙화落花
138 | 출근길
139 | 산책길 소곡小曲
140 | 텃새의 한계
141 | 난蘭
142 | 어느 정치가
143 | 새벽 뉴스
144 | 친구야
145 | 지름길
146 | 선거
147 | 2024년 총선
148 | 뉴질랜드(1)
149 | 뉴질랜드(2)
150 | 별똥별
151 | 아파요
152 | 보고 싶다
153 | 좌우명
154 | 오감

제1부
고독 속으로

고독예찬孤獨禮讚

사람을 만날 때
더 힘들고 외로운 나이
생각의 실타래를 풀어내지 못하고
입속에 돌돌 말아
삼켜야 하는 만남은 그만
이제는 너 혼자 있어도 돼

혼자서도 잘 놀고 있는
강과 산 그리고 바람
풀숲에서 작은 소리로
노래 부르고 있는 텃새
조금 더 귀 기울이면
네 숨소리도 들려올 거야

수고한 그대여
남을 위해서는
지금껏 충분히 살아왔으니
지금부터는
마음을 동그랗게 말고
느리게 혼자 살아도 돼

인생 人生

삐거덕거리며
오르락내리락
실컷 놀지도 못했는데
벌써 날이 저물었네

엄마가 부르기 전에
얼른 가야 해
너는 너대로
나는 나대로

정리할 필요도 없고
챙길 것도 없어
왔던 길 되돌아
빈손으로 가면 돼

타협

다 가고 혼자 남았다
고독하지만 외롭지 않다
언제부턴가
내가 나하고 잘 논다

몸은 늘 바쁜데
마음은 한없이 지루한
그때를 보내고 나면
그냥 사는 건 아니다

햇살과 바람이 주는
무수히 많은 선물 중에
좋아하는 것들을 골라
장난감을 만든다

오늘은 바람에 실려 온
나뭇잎 하나
시냇물에 띄우며
시간과 타협하고 있다

퍼즐 맞추기

충실한 반복이
일상을 채워 가며 만들어 낸
삐걱거림의 조각들

크고 작은 조각들 중에
손에 익은 걸 골라
명화를 완성해 간다

바닥을 내보이는 조각들
몇 개나 더 선택하여
알맞은 곳에 놓을 수 있을까

멋진 완성을 위한 망설임이
조각과 조각 사이의
공간에서 재촉하고 있다

낙엽의 귀환歸還

때맞춰 내려놓고
끼리끼리 모여 앉아
각자의 무용담을 꺼내어
찌그러진 몰골의 냄비에 담아
자글자글 끓이려 했어

휘몰아치는 역풍에
들어 올려지고
날아가 곤두박질치다가
제각각 귀환歸還한 곳이
처음 가 보는 낯선 곳

어쩔 수 없잖아
아침 이슬 한 방울로
서로를 토닥이며
썩어서 거름이 될 때까지
망향의 슬픔을 안고 가야지

슬픈 현실

이곳까지
무슨 생각을 하며 왔을까요

정신을 차려 보니
너무 먼 곳에 왔어요

돌아가야 하는데
힘이 남아 있지 않네요

잠시 그루터기에 앉아
쉬어야겠어요

돌아갈 힘을
얻을 수 있을까요

계절을 바꾸는
바람에게 물어봐야겠어요

아! 바람은 알고 있을까요
너무 멀리 온 것을

12월의 편지

가슴속 우물에
두레박을 내려
그리운 마음을
담아 올리고 있습니다

사람이 멋대로 만들어 놓은
보내야 할 그때가 되면
석별을 앞둔 세모가 되면
섣달그믐이 되면

보내기 싫은 것들이
조각 편지도 남기지 않고
모두 떠나고 난 들녘에
바람이 채우고 있습니다

고독 만들기

잠시 혼자 있겠습니다
시간을 텅 비우는
사치를 누리며
고독과 동행하겠습니다

입은 다물겠습니다
눈은 감겠습니다
아, 그런데
귀는 어찌할 수가 없습니다

입력되는 번잡한 것들을
막을 수는 없나 봅니다
차라리 가만히 앉아
멍때리기 하겠습니다

시간 여행

즉흥적으로 보고
바라보이는 것마다
새로움을 덧칠하는 마음으로
시간에 집착하지 않는
나만의 여행을 떠나요

단순한 호기심으로
다니다 보면
자리를 옮길 때마다
잔잔하게 미소 짓는
가능성이 보이지 않을까요

아, 그렇지요
비어 있는 의자가 있으면
배려의 시간을
함께 보내는 것도
행복을 만드는 길이고요

꿈꾸는 재회再會

지금은 아무리 두드려도
문이 열리지 않을 거야
마음의 주인이
다른 사람을 만나러 갔거든

돌아올 때까지
하염없이 기다리든지
여행자의 마음으로
기다림을 즐기든지

사랑은 슬픔과
동행할 때가 참 많아
바람이 멈출 때까지
떠다니는 낙엽의 여행이고

너를 위하여

그대의 행동이
올바르고 고귀하다고 해도
그대의 마음이
순수하고 진실하다고 해도
그 누군가
그대를 모욕하고자 하면
명예는 찰나에 추락해 버려요

술잔을 높이 들어 올렸던
짧은 순간이 지나고 나면
추구하던 것들이
분주히 날아올라
가뭇없이 사라지고
선술집 구석 자리가
그대를 기다릴 테니까요

그러니 그대여
인심人心이 원래 그런 것
탓하며 슬퍼하거나
미련을 갖지도 말고
방향을 쉽게 바꾸는
바람의 뒷모습에
무심한 눈길도 주지 말아요

홀로서기

무도회 초청장을 받았다
빈 시간은 참 많은데
입고 갈 옷도 없고
함께 춤출 사람도 없다

옷장에 가득한 옷들은
철 지난 추억만 입고
많은 인연들은
눈을 돌린 지 오래

시절은 그렇게 머물다 가고
고개를 끄덕이며 마음을 접는
순응의 빈도는 늘어만 가는
상실의 고독이여

마음먹기

먼지 가득한 하늘로
슬픔이 파도치는 바다로
마음대로 떠나는 바람으로
세상을 바라보는 삶은
너무 슬퍼 눈물이 나

파란 하늘의 흰 구름
여울진 돌 틈을 흐르는 시내
이슬 머금은 들꽃
반기는 새들의 노래
메아리로 대답하는 골짜기

생각만 해도
미소 짓게 하는
소소한 것들의 행복과
느리게 숨바꼭질하며
그냥 웃어 보는 거야

대숲에서

여명의 기지개인
찬 이슬이 나를 깨우면
지나간 밤
진실하지 못함에
새벽이슬 털며 일어서는
대숲의 반란 소리

서걱거리는 불신을
몸으로 비벼 대며
살기 위해 침묵하던 날들
내가 할 수 있는 건
가슴에 남은 말들로
마디를 만들며 허공을 가두는 일

세월

경쟁할 상대가
자신밖에 없는 은퇴자가
과거를 떠올리며 짓는
스스로에 대한 비웃음은
나이 듦이 가지고 오는
질투심인지도 몰라

불리는 이름은
그대로인데
그대로인 건 하나도 없어
내 모습과 행동 그리고
손가락을 접으며 별을 세던
그 소년은 어디로 갔을까

그렇다고 슬프지는 않아
다시 돌아가기 싫거든
강 건너 풀밭에
혼자 가서 기다리기도 싫고
자꾸만 비워지는 머릿속을
너로 채우며 오늘을 살 거야

갈증

찬비가 내린다
바람도 심란하다
뻔히 알면서
우산 없이 길을 나섰다

얼굴을 때리는 빗방울
빗방울 그 시원함
어딘가 남아 있는 불씨가
꺼지지 않는다

자화상

밤하늘에는 빛나는
별만 있는 건 아니야
모습을 드러내지 않고
허공에 매달려 돌고 있는
까막별도 있어

사람도 마찬가지겠지
오래된 담장의 못생긴 돌처럼
위아래에 끼워져
없어서는 안 되는
못난이 돌팍도 있어

마음 없이 머물다
잎사귀 사이를 스쳐 가는
바람 같은 우리네 삶
조금 부족한 것들과
눈 마중 하며 살아야겠어

함께하기

이방인의 숨소리가
낯설지 않을 때까지
조용히 기다려 본 적 있니

꽃잎이 수줍게 열리고
벌과 나비가 날아오는
작은 세상을 본 적 있니

침묵을 동행한 기다림만이
우리를 가깝게 해
자연은 알고 있었어

길

그냥 가 보는 거야
미리 가 볼 수 없고
그렇다고 안 갈 수도 없잖아
용기가 없어도
어쩔 수 없이 선택되어
주어진 숙명으로 인해

밤새워 계획하고
미리 겁먹을 필요 없어
바람 따라 제멋대로 변하는 길
마음 편히 떠나면 돼
지치면 쉬고
딴지 걸며 지나쳐도 좋고

모두 기억하고
모두 사랑하며
의미를 담고 가기엔
주어진 해가 너무 짧아
어둠이 오기 전에
끝내야 될 여행길이잖니

버려진 찌꺼기는
타인의 발밑에 묻히고
너를 기억하는 일도 없을 거야
어제 떠난 강물은
무엇을 품고
어디쯤 가고 있을까

고향

산과 산 사이에
바람이 머무는 곳

실개울이 흐르고
미꾸라지가 헤엄치던 고래실

산기슭에 기댄 집에서
피어오르는 연기

홰치며 새벽을 깨우는 수탉
낯선 방문객을 경계하는 삽살개

뒷산 양지바른 곳엔
도래솔의 품에 안긴 몇 개의 무덤

어느 것도 잊지 못하는
유년의 수채화 한 점

제2부
고독이 숨어 있는 곳

강변 수채화

긴 여행 끝내고
집으로 돌아온 빗방울들이
물안개를 부르며
뛰어들고 있습니다

팔짝팔짝 뛰며
애교 부리는 강아지를
흥얼거리며 품에 안는
새벽 강입니다

잊힌 풍경

가을이 왔어요
동네 한가운데
오래된 밤나무 밑
알밤들이 길에서 뒹굴고 있어요
새벽잠 설치며 주워 가던
그 아이들은 어디로 갔을까요

가을이 왔어요
가로수 은행나무 열매들이
차바퀴에 뭉그러져
썩은 방귀를 뀌고 있어요
서로 다투며 주워 가던
그 어른들은 어디로 갔을까요

산길을 걸으며

무엇이든 천천히
눈길 기울여 살펴보면
안 보이던 것들을
찾아낼 수 있어
시간이 좀 필요하지만

마음 길의 방향은
오직 자기 탓이겠지
애써 나쁜 것을 찾으려
시간을 허비하지 말고
좋은 것을 바라봄이 기쁨이지

널 응원하며 춤추는 바람
정답게 아침 인사 하며
다정한 눈빛 나누는
나무와 풀 그리고 이웃들
모든 것이 다 행복이야

고향길

이상한 일도 다 있지
싸구려 고무줄 늘어나듯
한없이 길어지는
고향 가는 길

만남이 뜸해진
인연들과 멀어지듯
아스라이 멀어져 가는
추억 한 조각

하산 下山

마약에 휘청대는
어느 금수저의
초점 잃은 눈을 보며
물려줄 것 없는 삶이
너를 위한 것이라고
탓으로 만들어 가방에 넣었어

집 한 채 장만하기
버거운 인생길
나 살기 바빠
잡아 주지 못해도
다 그렇게 사는 것이라고
끄덕이며 간신히 넣었어

내려오며 마주치는
오래된 인연들에게
내어줄 것 하나 없는
등산 가방 속에는
빈 병들이 부끄러움 모르고
수다 떨고 있었어

세모와 네모

세모건 네모건
모가 나고 각이 진 건
그리하여 모퉁이가
날카로운 건 마찬가지

슬퍼할 필요는 없어
각각의 바탕에 따라
시간이 필요하겠지만
모서리는 부서지겠지

그리하여 모든 것은
둥그레지고 넓적해지지
조금만 더 날카롭게
찌르며 살아도 괜찮아

상처를 주고받는
그것은 너의 숙명
아픔을 준 만큼만
서로를 사랑하게 되거든

겨울 그 호수湖水

높은 곳에서 낮은 곳으로
몸 낮추다 갇혀
포기를 동반한 내려앉음으로
바람 밑에서 고개 숙이고 있는
그대 호수여

골짜기를 가로지르며
산과 들을 떨게 하던
지난여름의 무용담을
맑아짐으로 보상받으며
서로를 끌어안고 있구나

강 마을

고만고만한 산들이
띄엄띄엄 누워 있는 사이로
느리게 역사를 만들며
흘러가도 나쁘지 않아요

입김 불며 마시는
한 잔의 차에
꼬리 물고 피어오르는
멀고도 가까운 옛이야기

넉넉함과 여유로움은
어디서 시작된 걸까
나그네의 그림자가
길게 머물고 있어요

새벽 그 강

해 뜨기 직전
고요의 울타리 속에
편안히 잠든 강마을

가지 하나 물에 담그고
멍때리고 있는
나무 한 그루

붉은색 화선지에
입김 불어 그려 내는
수묵화 한 점

산사의 봄

겨우내 잡아 둔
욕심 떨쳐 내고
삶의 가지에
부활의 태동이 느껴지면
두 팔 한 아름 열어
따스한 내 사랑 안으리

산사의 처마 끝에서
제 살 깎아 내며
눈물 짓는 고드름은
아프다는 말 대신에
오고 가는 계절이 밉다고
서럽게 울기만 한다

계절의 갈림길에
바람 따라 헤매는
우리네 인생살이
부질없는 기다림 속에서
누구를 밀어 내고
누구를 반기랴

해빙의 물이 실개울 되어
바다에 이르듯
슬픈 이별 잠시 접어 두면
다시금 인연은 자라나
버들피리 꺾어
사랑 노래 부르겠지

입춘

양지쪽에 쭈그리고 앉아
들풀들을 자세히 보았어
앙증맞은 작은 꽃이
희망을 품고 피어 있었어

요렇게 작은 풀꽃이
어떻게 겨울을 이겨 내고
꽃대를 올렸을까
나도 기지개 켜고
싱그럽게 웃어야겠어

어둠 그리고 강

늘어난 잔주름에
미소를 따라 건배하고
다하지 못한 말을 삭이며
강물을 가로지르는 오늘

해넘이를 바라보며
아직도 반이나 남은 하루를
달빛으로 채운 하늘에
발길을 재촉하고 있는 샛별

오늘 다음 날은 내일이고
내일을 위해 오늘을 산다 하나
내일은 언제나 내일이고
허기를 안고 오는 오늘

그저 존재에 의미를 심고 살 때
축복으로 다가오는
내일이 있다는 걸 알고 있지만
일상의 접시 속 망상인 인간사

희미한 물길 따라
익숙한 한숨을 토하며
초라한 달빛에 기대어
무심히 흐르는 강물이 된다

상처

한 많은 고개
턱턱 숨 막히던 산마루
양식이 떨어지면
먼저 알고 일어나
가난한 자들을 깨워
얽히고 살던 쑥이 많았지

설날 빌어
엄마를 찾아가는 길
양지바른 다락 논두렁에
빠끔히 고개 들고
배고파 우는 아기 달래던
냉이들의 잊힌 무용담

누이의 구멍 난 바구니에
옹기종기 모여 앉은
쑥과 냉이로 허기 채우던
서럽게 가난한 그때가
이리도 그리울 줄
정말 몰랐습니다

봄바람

날짜를 세며 기다리지 말아요
내가 알아서 올게요
벽에 걸린 달력보다
바람이 만든 그때에
꼭 다시 찾아갈게요

알고 있어요
믿음을 깬 적 없는
따스한 입김과 눈빛
그리고 손짓의 부드러움을
당신은 나의 봄바람이에요

호수의 연가 戀歌

먼 길 돌아오며
저마다의 전리품으로
치장한 빗방울들에게
왕관을 씌워 주며 반기는
호수의 품

순환의 고리를 열어
구름을 꿈꿀 때까지
침잠하는 너를 위하여
침묵으로 다독이리라
부둥켜안고 사랑하리라

봄맞이(1)

봄은 똑같이오지만
꽃이 피는 시기도
열매가 익는 기간도
모두가 달라요
자연은 원래 그래요

자연스럽다는 건
나답게 사는 것
질투하고 시기하며
슬픔에 젖지 말아요
봄에는 그냥 웃어요

봄맞이(2)

바라다뵈는 강기슭에는
봄이 도착했습니다
게으른 겨울나기로
건너갈 배를 만들지 못했네요
눈빛만 먼저 보내고
강 건너에서 기다리기로 했습니다

얼룩진 창문도 닦고
화분에 거름도 채우며
화사한 옷으로 갈아입었습니다
아집 몇 개는 버리고
봄맞이 준비합니다
행복한 기다림입니다

어느 봄날

골목길을 쏘다니던
개구쟁이 봄바람이
나뭇가지를 흔들며
하늘 닮은 그림을 그린다

짧은 시간의 봄빛에
서둘러 그려 대며 흘리는
빨주노초파남보
노랑과 초록은 손을 잡았다

겨우내 벗어 말려
빛바랜 옷들을
곱게 차려입고
풀꽃들이 봄 마중 간다

화수분

마음의 그릇 하나 만들어
지니고 다니는 사람들
똑같은 그릇은 없어
담긴 것도 제각각이고
유리나 질그릇처럼
잘 깨지는 것도 있고
풍선처럼 수시로 변하는
종잡을 수 없는 것도 있어

어떤 그릇을 지니고 있니
마음이 만든 그릇이
마음에 들지 않는다면
탓하지 말고 바꿔 봐
살아 있는 동안 언제나
마음에 들게 바꿀 수 있어
마음먹기에 따라
모든 것이 달라지잖아

나무야

꽃을 피워 냈구나
아름다움을 좀 더
붙잡고 있으라고
칭얼대지 않을게

꽃잎이 떨어져야
열매를 맺는다는 걸
잘 알고 있거든
모든 걸 네 마음대로 하렴

내어줄 때를 알고
미련 없이 떠나는
아름다운 것들을 위해
슬픔을 노래하지도 말고

꽃이 피고 지고
열매가 실하게 영글면
나뭇잎 너마저 떠나가는
찬란한 슬픔의 순환

앙상한 나뭇가지가
본래의 내 모습이라고
단정하지도 말아요
봄은 또 이렇게 왔어요

제3부
갈대의 노래

갈대밭에서

신록에서부터 부러진 허리로
눈 속에 누울 때까지
흔들려도 괜찮다고
흔들려야 살 수 있다고
갈대는 목쉬게 울고 있었다

바람이 원하는 대로 순응하며
모로 누울 줄 알고
어깨 부딪히며
서로 감쌀 줄 알아야 한다고
갈대는 서로를 다독이고 있었다

길 잃은 유성에게서
삶의 의미를 찾아내어
가슴을 파고드는 내 것들에게
마음을 내어줘야 한다고
갈대는 고개를 끄덕이고 있었다

서로 부딪쳐 생채기를 만들더라도
혼자 살지 말라고
혼자 살 수 없다고
더불어 함께하면 아름답다고
갈대는 항거하고 있었다

고수부지의 가을

홍수로 잠겼던
너른 고수부지가
지난한 여름을 이겨 내고
풍요로 가득합니다

갈대는 갈대꽃을
억새는 억새꽃을 꽂고
자기만의 흔들림을 찾아
박자 맞추고 있습니다

각자 알맞게 어울려
모두 함께하는 모습이
참 아름답습니다
나도 그를 용서해야겠습니다

내려다봄

노을의 잠자리가
강물인 것을 어찌 이제야 알았을까
부서져 내리며
잠자리를 펴고 있는 햇살

하루 종일 일하고도
서산으로 넘어가
아침을 깨워서 데리고
오는 줄 알았거든

내려다보니 참 행복해
내일은 늦잠 자도 돼
내가 꼭 깨워 줄게
고생했어 오늘도

갈대 예찬

마디가 없어 봐라
어울림이 없어 봐라
흔들림이 없어 봐라
그것이 갈대겠는가

마디의 나눔으로 묵언하고
어울림으로 다독이고
흔들림으로 순응하는
그의 멋진 삶을 아는가

겨울을 이겨 내는
소나무 같은 푸르름도 없고
쉽게 꺾인다고
함부로 말하지 말라

동토에 뿌리 내려 감추는
겸손의 미덕으로
새봄과 동행하는
그의 지난한 삶을 아는가

반려伴侶

잘 따르는
강아지나 고양이를 품에 안으면
참 따뜻해
눈빛도 좋고

오래 돌본
꽃이나 나무를 바라보면
위로를 주지
싱그럽기도 하고

오래된 너
여전히 따뜻하고
힘이 돼
한결같아서 참 좋아

가을비

겨울을 재촉하며
비가 내려요
푸름이 남은 이파리가
안타깝게 떨어져 내리네요

나는 하나도 슬프지 않아요
나무는 겨울을 이겨 낼 거고
나는 당신과 함께
새봄을 맞이할 테니까요

사실事實

말을 배우는
아가의 옹알이는
알아들을 수 없어도
귀 기울이며
미소를 낳는다

침묵할 줄 모르는
어른의 잔소리는
다 알아들어도
고개 돌리며
한숨을 낳는다

후회 그 시작

후회를 감싸안아 봐요
너무 힘주어 안거나
오래도록 안고 있지는 말고
술 몇 잔에 쉽게 보낼 순 없어요
다독이며 품에 안아 봐요

후회를 감싸안아 봐요
변화를 기다리는
새로운 생각의 씨앗들이
당신의 선택을 기다리고 있어요
후회는 또 다른 시작이니까요

습관 만들기

반복하는 모든 것엔
리듬이 있는 겨
리듬을 찾으면
습관이 되는 것이고

더 참고 집중해 봐
익숙해지면서 즐거워져
몸이 리듬에 맞춰
춤추게 될 거야

새로운 출발

늙거나 병든 몸을
청춘으로 돌려준다면
우리는 후회 없는 선택으로
멋진 삶을 살 수 있을까요

해야 했는데
하지 못한 일이나
하지 말아야 했는데
했던 일 없는 선택을

지금 우리는
올곧은 선택들을 하고 있나요
새로운 삶의 시작은
그것을 깨닫는 순간입니다

너

입꼬리 올리고
예쁘게 말하는
너 때문에
우리는 모두 웃어
만남이 즐거워

눈 맞추며
내 말을 경청하는
너 때문에
우리는 모두 행복해
네가 참 좋아

생각의 전환

마지막이라고 생각한
절망의 끝이
새로운 시작의 변곡점이라는
진리를 알고
난 울어 버렸어

실패한 인생은 없고
또 다른 방법의
살아 내기였다는
교훈을 얻고
난 또 울어 버렸어

사는 게 뭐라고
위험 신호가 깜빡일 땐
멈춰도 된다는
여유로움을 알고
난 눈물을 닦았어

분할납부

한 번에 모두
다 갚을 수도 없고
평생 다 갚을 수도 없는
참 이상한 빚

부모님께 나누어 갚고
자녀에게 나누고 갚고
이웃에게 나누어 갚아도
여전히 남아 있는
참 이상한 빚

화수분 단지 몇 개
마음에 품고
평생 분할납부하다가
각자 남남으로 가는
우리네 사랑

타협

보이는 것들에 대한
마음 무너짐으로
눈을 감아 버리면
바보야
너만 답답하지

적당히 타협하고
끄덕이며 살아도 괜찮아
마음은 강변에서
미끄럼 타며 즐기는
바람에게 실어도 좋고

수사자

수사자 한 마리가
울타리 안에서 사람들을
여유롭게 바라보고 있습니다

자세히 살펴보니
콧잔등에 상처가 있고
털도 듬성듬성 빠져 있습니다

여유를 안긴 것은
몸에 난 상처일까요
사자이기 때문일까요

삶의 길목에 만들어진 상처들이
치유의 시간을 견디며
여유로움을 만드나 봅니다

비슷한 길

나에게만 찾아온
행복인 줄 알았지만
나에게만 밀려온
슬픔인 줄 알았지만
머물다 가는 시간 속에
삶의 모습은 비슷한 것 같아요

행복이라는 것이
채운 자의 몫이 아니고
슬픔이라는 것이
부족한 자의 몫도 아니지요
집착할 필요도 없고요
마음 밭에 긍정을 심어요

까치와 비둘기

좋은 소식 전하던
까치와 비둘기가
이렇게 추락하여
쫓겨 다니는 범죄자가 되리라고
나는 생각하지 못했어

사형수에게도 사형은
할 수 없는 세상에
큰 죄목의 날짐승이 되어
총알의 표적이 되리라고
나는 생각하지 못했어

선과 악의 기준이
쉽게 바뀌는 세상에서
까치와 비둘기의 울음이
슬픈 노래가 되리라고
나는 생각하지 못했어

새로움

아침에 눈을 뜬다는
당연한 믿음이 없다면
우리는 저녁에 눈을 감고
잠을 잘 수 있을까요

매일 아침이
우리를 기다리는
포장된 선물 바구니인데
익숙함에 감사를 잊은 건 아닐까요

같은 공간과 시간에
함께할 수 있는 것들에 대하여
우리는 마음을 담은 눈길을
얼마만큼이나 주고 있을까요

찰나의 시간이
모두 새로움으로 채워진
그대와 나의 인생길에
눈꺼풀에 사랑을 달고
마주 보며 살면 어떨까요

허울

먹이 사냥 하고 있는 철새들
작은 모래톱에
옹기종기 모여
해바라기하는 모습이
참 편안합니다

강변 갈대숲에는
텃밭에서 쫓겨난 텃새들이
핑계를 대며 텃세를 부립니다
몇 마리 되지 않는데
참 시끄럽습니다

토닥임

창문을 열고
눈 빠지게 기다리지 않아도
이렇게 봄은 오잖아
여름도 마찬가지이고
가을이나 겨울도
자연은 모두 때가 되면
스스로 정리를 해

고개를 돌리며 떠나간 사랑도
힘들게 얻은 성공이나
무너진 실패도
모두 마찬가지
사람 일은 모두 자연이잖아
때가 되면 저절로
정리가 되는 거야

제4부
삶 그것은 고독

노인정에서

미안하면 미안하다고
이제는 말하며 살다 가자
나도 그렇고
너도 그렇고

사랑하면 사랑한다고
이제는 말하며 살다 가자
나도 그렇고
너도 그렇고

실수와 가벼움을
동행하기도 하겠지만
감추지 않고
이제는 말하며 살다 가자

짧은 기도

새로운 새벽 그 시간
오늘도 행복을 열며
마음 길을 덧칠하는
기도를 시작합니다

대부분의 사람들이
당연하게 여기는
소소한 일들까지도 감사하며
하루를 살게 하소서

떠나는 것들을 위하여

꽃잎이 떠나야
열매가 맺힐 수 있고
이파리가 떠나야
겨울을 살 수 있는 나무

떠날 때를 알고
뒷모습을 보이는
모든 것들에게
축배의 잔을 든다

떠나는 것들이
나를 살게 했고
내가 살기 위해
너를 떠나보냈다

나이테

누군가는
꿈을 꾼다

누군가는
꿈을 이룬다

누군가는
그 모습을 본다

또 다른 누군가가
그 꿈을 이룬다

참 멋지게
돌고 돌아간다

소문

지난여름 장맛비에
두드려 맞은 호수가
오랜 시간이 지났는데
흙탕물 그대로
겨울을 나고 있다

필요한 시간이 지나고 나면
적당히 타협하며
아래로 가라앉는데
쑤셔 대는 나뭇가지에
가라앉을 줄 모른다

두려움 그 진실

전쟁은 사라지고
대화와 타협하며
오손도손 모여 사는
세상이 온 줄 알았습니다

내가 사는 나라는
전쟁을 잠시 멈추고
휴전하고 있다는 사실을
망각하고 있었습니다

평생 치유되지 못하고
고질병으로 자리 잡은
전쟁에 대한 두려움이
익숙함으로 무디어진 것일까요

몸서리치게 꿈틀대는
이념의 갈등이
새싹의 꿈을 짓밟는 사월
그 진실이 두렵습니다

그렇군요

역사를 보면
충신이나 간신도 있었고
성군이나 폭군도 있었고
바람처럼 물처럼 흔적 없이
살다 간 민초들도 있었다

그런데 그들은
하나같이 모두 죽었다

현실을 보면
충신과 간신이 함께 있고
성군인지 폭군인지 모르겠고
큰소리치는 사람들이
제멋대로 살아간다

어쩌면 이렇게
역사와 똑같을까

나팔꽃

기대면서 피는구나
서로 기대니까
참 편해 보인다

어깨를 내주고
믿음으로 기대고
참 서로 알맞다

바람 그리고

바람은 손도 없는데
어떻게 봄을 알리며
자연을 흔들어 깨울까요

당신은 멀리 있는데
어떻게 나를 붙잡아
올곧게 살아가도록 할까요

나무가 바람을
우리가 당신을
하나같이 믿기 때문일까요

보이지 않는 것들이
시공을 떠난 힘으로
세상을 움직이고 있어요

장례식장에서

돌아갈
곳이
있어서

우리는
모두
괜찮다

은퇴

계절에 맞지 않는
옷을 입어
매일매일이
덥고 춥고 답답하고
귀찮은 날들이었어

머리를 빼고
벗어 던지고 나니
벌거벗은 몸이잖아
춥고 창피해
도로 입고 싶어져

빗방울

길고 긴 여행 끝내고
집으로 돌아온 빗방울들이
물속으로 안기고 있네요

팔짝팔짝 뛰며
부르는 노래가
청아한 아침입니다

꽃잎

꽃잎 떨군다고
끝이 아니잖아요

꽃잎 떨어져야
열매가 맺지요

다 알면서도 나는
꽃잎 지면 슬퍼요

함께한 짧은 시간이
마냥 슬퍼요

석별 惜別

흔들리는 눈빛으로
돌아보면 안 될까요
그대의 뒷모습이
멀어지지 않았는데
안경이 흐려져 버렸네요

몇 발짝 떨어진 곳에서
데려갈 준비를 끝내고
기다리는 자동차
그 재촉의 부르짖음이여
긴박한 발걸음이여

가고 싶은 대로 가야
네가 행복하겠지만
돌아보기만 기다리는
내 마음을 불러내어
함께 데려가면 안 될까요

중년

익어 가는 모든 것들에게
필요한 시간이
충분히 남아 있는 계절

익숙한 길을
편안한 모습으로 걸어가는
사내의 뒷모습

실바람에 드러난
머릿결 사이에서
춤추고 있는 은빛 햇살

다짐하기

힘든 줄 모르고
열심히 지고 왔는데
벗어 놓고 나니
홀가분하기보다는
많이 아프다

살아 내기 위해 참았던
마음의 후유증들이
여기저기서 쑤셔 댄다
살아갈 날을 위해
나에게 미쳐야 되겠다

죽음에게

준비 없이 황망하게
가만히 앉아
맞이하고 싶지 않아

서둘러 마중 나가
오늘을 모두
설칠 생각도 없어

내 생각대로
내 마음대로
제대로 살고 있을게

어떻게 살아

보고 싶지 않은 사람을
안 볼 수 있다면
듣고 싶지 않은 말들을
안 들을 수 있다면
텔레비전을 끌 수 있습니다

기다리고 기다리던
주말 드라마를 시청하지 않아도
좋아하는 앵커의
뉴스를 보지 못해도
텔레비전을 끌 수 있습니다

많고 많은 사람들 속에
그 사람밖에 없을까요
좋은 말들이 그리 많은데
그 말밖에 없을까요
난 어떻게 살라고

월급쟁이

드라마에서 검은색 수색견이
임무를 마치고
이동식 케이지 안으로 들어가
신나게 꼬리를 치고 있다

할 일을 마친
수색견에게 주어질
간식을 기다리는
흥분한 몸짓이다

해야 할 일을 하고
보상으로 간식을 받는 건지
간식을 위하여
할 일을 하는 건지

지금 뭘 하고 있을까
돈을 안 줘도 일을 할까
거짓말로 감추는 슬픔
그냥 살기 위해서

일기를 쓰세요

아픈 날에는 일기를 써요
글로 쓸 수 있는 아픔이라면
언젠가 그 아픔은
당신의 삶에
커다란 의미로 남을 테니까요

슬픈 날에는 일기를 써요
갈피에 얼룩진 슬픔이
언젠가 그리움으로 일어나
당신의 삭막한 얼굴에
미소를 만들 테니까요

행복한 날에는 일기를 써요
그 행복을 글로 채우면
언젠가 그 행복은
길 잃은 당신에게
이정표가 될 테니까요

제5부
사랑 그 고독

사랑을 위하여

내가 당신의 모습을
제대로 보기까지
이렇게 오랜 시간이
지나가 버렸네요

내가 당신의 말을
제대로 듣기까지
이렇게 오랜 시간이
지나가 버렸네요

내가 당신의 표정을
끄덕이며 읽기까지
이렇게 오랜 시간이
지나가 버렸네요

그래도 참 다행이에요
내가 당신과 나란히
바라볼 수 있는 풍경이
한참 남아 있어서

위안慰安(1)

앞서서 걷는 그대
내가 바라보는 앞산은
그대의 뒷산

걸음을 멈추고 돌아서면
그대의 뒷산이 앞산이 되어
우리가 함께하는 산이 되겠지

그대가 바라보는 곳과
내가 바라보는 곳이
같은 산이 되겠지

가로막힘으로 만날 순 없어도
같은 곳을 바라보니
외롭진 않겠지

어느 소녀에게

소녀여
심리학자들이 말하고 있어
부정적인 생각은
부정적인 결과를 만들어 낸다고
다들 그렇게 알고 있지

소녀여
빛은 그늘과 동행하잖아
네가 너무 빛나서
그림자도 짙은 것이
진실인 걸 너는 알고 있겠지

행복 찾기

내가 행복하지 않은 이유는
네가 행복하기 때문이야
너의 불행에서
나는 행복을 찾아내거든

비교하며 절망하고
너의 불행을 보며
이만해서 다행이라고
토닥이며 합리화하고

왜 행복을 타인에게서
찾으려 할까
행복하게 살기 너무 쉬운데
사랑만 하면 되는데

어머니 기일忌日

소리 내어 울 수 없어
그리움에 다가가면
저만큼 멀어지는
멀어진 만큼의 허공을
한숨으로 채우며
다독여 덮고 있습니다

얼마나 되었다고
잘못한 것들만 난무하며
정수리를 찌르는
나에 대한 자학
잊힐 만큼의 시간이 지났는데
다시금 화인으로 살아나는 어머니

현대인의 하루

엘리베이터 문이 열린다
필요한 숫자를 누른다
휴대폰만 본다

친구와 카페에 갔다
주문한 음료를 먹는다
휴대폰만 본다

부부가 소파에 앉는다
텔레비전을 켠다
휴대폰만 본다

눈이 아프고 피곤하다
일을 무척 많이 했다
휴대폰만 보았다

딱 그만큼만

아무런 의미도 없던 낱말에
울타리를 씌워
우리에 가두는 순간
모두 갇히게 되는 우리

자기 자신을 사랑하는
딱 그만큼만
우리 속 타인을
사랑하며 사는 우리

우리 집에서
우리 학교에서
우리나라에서 우리끼리
딱 그만큼만

소꿉놀이

소꿉놀이를 하는 아이들
각자가 가지고 온
장난감을 적당히 나누어
살림살이를 합니다

아빠가 되기도 하고
엄마가 되기도 하고
투정 부리는 아이가 되기도 하고
역할이 수시로 변합니다

어쩌면 그리도 잘 사는지
나눔과 배려가 녹아 흐르는
사람 냄새 나는 모습을
한참이나 바라보았습니다

나이 들수록 관계가 복잡해지고
이해와 타산의 기준이
다르다는 걸 알면서도
그래서 힘들다는 걸 알면서도

아이의 소꿉놀이나

어른의 살림살이나
사는 모습 별반 다를 것 없는데
아이들은 참 행복해합니다

그럴 수도 있겠구나
그렇게 하면 되겠구나
안 되는 건 없겠지
희망을 가져 봅니다

정말이야

내가 아무리 잘해도
나보다 뛰어난 사람이
세상엔 꼭 있어

너무 잘하려고 하지 마
잘한다는 건
나답게 살아가는 거야

정말 중요한 건
타인과 비교하지 말고
내 안에서 나를 찾는 것이지

위안慰安(2)

하루 온종일
해독 불가한 낱말로
끄적끄적
원고지를 채운 것 말고는
한 일이 없다

시간과 치열하게
다툼하고 있지만
정해져 있는 승자와 패자
어쩌다를 동행하는
치열함의 짧은 승리

질주하는 시간에 맞춰
언제나 함께할 순 없어
자기만의 정속 주행
꾸준함이 치열함을 이긴다
늘 그렇다

너를 위하여

지금 걷고 있는 길이
어쩌면
처음부터 잘못된
방향이었는지 몰라

지금 헤매는 길이
어쩌면
올바른 방향으로
길을 잃은 건지도 모르고

힘들어하는 네가
회복을 위한 틈새를 발견하여
고요한 평화가 있는
쉼이 있었으면 좋겠어

내려놓기

늘 하던 대로
한결같이 살아갈 필요는 없어
일상의 단조로움에서 벗어나
성공의 의미로
자신의 삶을 채우는 것은
작은 변화의 시작일 거야

늘 하던 것들을 바꾸어 보면
세상이 다르게 보여
도착지보다는
여정에 숨어 있는
소소한 행복을
찾아낼 수도 있고

각자 다른 기준을 들이대고
극명하게 나뉜 세상에서
너와 내가 함께 사는 길은
늘 하던 것들을 바꾸어 보는 것
생각의 옳고 그름을
내려놓고 걷는 거야

알고 있나요

알고 있나요
기권하는 사람에겐
패배한 사람에게 주어지는
위로나 응원도
기대할 수 없어요

알고 있나요
자세히 들여다보면
사람 사는 것
거기서 거기
실천만이 희망이지요

알고 있나요
어려운 시간을
스스로 이겨 낸 삶이
행복을 만들고
여유롭고 믿음이 가지요

어느 은퇴자에게

지루한 시간을 마주하고 있다면
그대는 행복한 사람
빈곤과 슬픔 그리고 아픔을
혼자서 건너야 하는
사람의 시간 속에는
결코 살 수 없는 지루함

가진 자의 특권을 누리지 못하고
해야 할 일을 찾지 못하고
지루함과 싸움하는 그대여
어떤 방해도 받지 않고
자신을 찾아가는
쉬운 길을 망설이나요

마주 보기

시간이 지날수록
너에 대한 물음표가
느낌표로 바뀌겠지
그리고 끝내는
마침표가 되겠지

아린芽鱗 상처에서
꽃이 피고
꽃이 진 자리에
혼자만의 시간 속에서
너는 결실을 만들고 있겠지

때로는 여행지보다
가는 길에서 찾은 여유가
더 큰 행복인지도 몰라
꽃눈들이 그냥 벗은 몸으로
겨울을 버티어 내듯

여정의 길목에 숨어 있는
마음 길을 찾아가는 시간
마침표나 느낌표보다는
빈 가슴에 물음표를 찍으며
마주 보는 것도 괜찮겠지

선생님께

다 잘하는 사람은 없어요
다 못하는 사람도 없고요
그런데 선생님은 참 잘했어요
마음도 따뜻하고
그런 선생님이 있어
조금 일찍 문을 나서며
미안하지 않았어요
불안하지도 않았거든요

퇴직자 명단에는
당신의 이름만 크게 보였어요
오랫동안 수고했다고
잘했고 잘 살 것이라고
전화를 해야 하는데
먹먹하게 억눌린 침묵으로
밤을 새우며 생각했어요
당신은 참 좋은 분이라고

1930년생

식민시대를 넘어오며
한국전쟁을 겪으며
죽어 가는 모습을 많이 봐서
아이를 많이 낳았을까
그들은 무슨 생각으로
그 지난한 세월을 살아 냈을까

베이비부머의 부모들이
언덕 위 노인병원에 모여
살기 위해 다친 생채기들을
가는 숨소리로 다독이며
지금이 행복하고 살 만하다고
미소 짓고 있어요

위안慰安(3)

당신 몇 살이지
회갑이 지났지
한참이나

그 나이에
사기를 처음 당했으니
나쁘지 않은 거야

속는 경우가 또 생겨도
계속 사람을 믿으며 사는 게
편하지 않을까

아내에게

힘들게 해서
이것밖에 안 돼서
미안해

참아 줘서
함께해 줘서
고마워

사랑이라는 이름으로
남은 길을 모두
포장할 수 있을까

그대여

지난밤 또 잠을 설쳤지요
상황이 이럴 땐
그냥 멈춰도 돼요
달라질 건 아무것도 없어요

바람이 불고 비가 와야
나무도 꽃을 피워요
지금은 그대로
내 등 뒤에 있어요

아무 생각 없이
숨 고르기 하다 보면
계절은 스스로 가고
당신의 날이 꼭 올 테니까요

제6부
생각이 머무는 곳

권력에 대하여

막대 사탕을 빨다 보면
사탕은 다 녹아
목구멍으로 넘어갔는데
그래도 버리지 못하고
잘근잘근 씹고 있는
막대 같은 것

막대를 빼앗으면
목 터지게 울어 대는
그리하여 다시금
막대 사탕을 물어야
달콤한 미소를 짓는
아기 같은 것

낙화落花

깊게 생각하면
세상일이 슬픈 것은 없어
모두 자연의 일이고
자연이 하는 일은
축복받아야 하는 일이래

꽃이 피었다가 져야
열매가 맺히잖아
꽃잎이 바람에 날린다고
서운해할 필요는 없어
무심히 기다리면 되는 거래

그런데 그게 잘 안되는 건
눈물을 알기 때문이야
작별의 인사로
조금은 슬퍼해야 하겠지
그래야 사람 사는 맛이겠지

출근길

모든 사람이 실패해도
자신은 성공을 믿으며
바쁜 걸음을 옮기는 사람들
그중에 꿈을 이루는 사람이
몇 명이나 될까

비좁은 지하철 문이 열리면
구겨졌던 몸을 펴며
영리한 사람도
순박한 사람도
모두 똑같이 바쁘다

산책길 소곡小曲

비 오는 날엔
우울해하지 말고
우산을 챙겨
길을 나서 봐요

비가 내린 만큼만
물길을 만들어
작은 소리로 흥얼대는
실개울의 노래도 좋고요

산뜻하게 목욕한
이파리들의 춤사위와
그리운 흙냄새가
반갑게 맞이하지요

잊을 뻔했네요
어쩌다 마주치는 사람이
아무 말 없이 지나쳐도
낯설지가 않아요

텃새의 한계

텃새가 텃세를 부린다
태어나면서부터
내 것이라고 우긴다
조상까지 들먹이며
시간을 거슬러 오른다

이제는 끝내야 한다
오르다 보면
모두가 철새다
시간은 머물지 않고
날개를 펴고 있다

난蘭

일 년을 함께 보낸
책상 위 난 화분
물 주고 닦아 주며
사랑을 듬뿍 주었지

한 해가 끝나 가는데
아무 말도 없는 난
고맙다는 말 듣고 싶어
눈길을 더 자주 주었어

오늘 새벽 꿈길에서
난이 말을 걸어왔어
"함께하는 것이
가장 큰 행복인 줄 모르나 봐"

어느 정치가

빈 병이 물 위에 둥둥
이제는 가라앉아
침잠할 때도 되었는데
여전히 표면에 부유하며
나 여기 있다고
끄덕거리는 쓰레기

뚜껑이 열려야
물이라도 채워
가라앉을 수 있을 텐데
미끈거리는 세월의 때를
뒤집어쓴 채
퐁당거리고 있다

새벽 뉴스

매일매일이
새로운 첫날이라는 걸
알고 있었는데
새벽이 데리고 오는 건
희망이 아니라
어제저녁에 버리지 못한
뭉뚱그림으로 치부한
불신에 대한 좌절

마음 하나 곧게 세워 내지 못하게
추락하고 쓰러져 내리는
칙칙한 어둠과
갈라진 민심들은
어디서부터 시작된 것일까
깨어진 신뢰의 편리들이
화면 가득 산란하는
불신의 소식들이여

친구야

슬픔이 너무 크면
아무것도 보이지 않아
아무 말도 들리지도 않고
위로하려고 하지 마
그냥 함께 있어 줘

아픔이 너무 크면
눈물도 나오지 않아
다독이는 손길도
느껴지지 않고
그냥 함께 있어 줘

숨소리를 찾아내어
고르게 다듬고
휘어진 허리를
곧추세울 그때까지만
그냥 함께 있어 줘

지름길

되고 싶은 게 뭔데
뭘 하고 싶은데
인생 노트에 스스로
써 내려가는 수밖에 없어

하고 싶다고
되고 싶다고
꿈만 꾸는 건
아무 소용 없어

생각의 늪에서
헤매지 말고
해 보는 거야
모든 건 시간이 답이야

정말로 되고 싶은 사람은
말하기 전에
벌써 하고 있어
지금 무엇을 하고 있니

선거

농부가 밭을 갈아
이랑과 고랑을 만들어
높고 낮음에 따라
역할을 나누고 있습니다

식물이 뿌리를 내리며
살아가는 이랑과
사람이 밟는 고랑이
서로 등을 기대고 있습니다

농부가 나누어 주는
한정된 기간의 몫에 대하여
이랑과 고랑은 묵묵히
제 할 일 다할 뿐입니다

2024년 총선

바닷가에 서서
바위와 싸우는 파도를 보며
부질없다는 생각을 했어
물에 반쯤 잠긴 바위는
비웃고 있었거든
하얗게 낄낄대며

생명이 다하는 날까지
날카로운 이성을
부드럽게 만들며
화합을 노래했지만
선거철만 되면
본성은 바뀌지 않아

바다와 바위
서로 구분할 수 없지만
바다는 바다이고
바위는 바위인 채
하나가 되는
불협화음의 전주곡

뉴질랜드(1)

적도를 넘는
여행길에 바라본
검은 칼날의 산들이
이국적인 감탄을 만들지만
누렁소의 등 같은
내 조국의 산이 편안하지요

적도를 넘는
여행길에 바라본
시퍼렇게 출렁이는 바다가
눈길을 멈추게 하지만
재잘거리며 토닥이는
내 조국의 바다가 다정하지요

뉴질랜드(2)

산에 나무가 없어 봐라
새들이 날아오나
산에 풀들이 없어 봐라
짐승이 놀러 오나
그래도 너를 산이라 한다

검은 칼 뽑아
찔러 대는 아픔에
눈물 흘리는 하늘이
폭포를 만들며 내리는
검은 산의 물줄기여

별똥별

별이 똥을 싸면
별똥이야
화장실은 밤하늘

더럽지 않아
냄새도 없고
찌꺼기도 남지 않아

미련 없는
열정의 사랑이지
별똥별이야 너는

아파요

아르바이트를 끝내고
늦은 저녁으로
삼각김밥을 뜯다가
바닥에 떨어트렸어
차마 주워 들지 못하고
밤하늘을 올려다보았지

그 무엇인가를 찾아
한참이나 바라보았어
흔하디흔한 인공위성이라도
빛나는 것이 있다면
별이라고 믿고 싶은 날
봄에는 꽃샘추위만 있는 건 아니겠지

보고 싶다

봄이면, 봄이 되면
회춘하여 꽃 피우는 매화야
사람도 너처럼 돌아온다면
이렇게 슬프지 않겠지

꽃비 내리는 언덕길에
너의 모습이
예쁘게 피어오르면
봄바람도 시샘하지 않겠지

좌우명

어느 곳에 있건
혼자 있는 시간이면
수시로 마음을 꺼내
빙긋이 웃어 줄 수 있다면
행복 아니겠어

푼수 같아 보여도
소리 없이 웃는 모습은
삶의 여유를 만들고
다 그렇고 그런
초월한 세상을 만들지 않겠어

오감

귀로는
아름다운 소리만
듣게 해 줄게

눈으로는
예쁜 모습만
보게 해 줄게

입으로는
맛난 것만
먹게 해 줄게

코로는
향기로운 냄새만
맡게 해 줄게

어쩌니
모든 것은
네 머리가 할 일인데

후기

살아온 날들을 뉘우치는 심정으로
때로는 앞날이 너무 망막해서
홀로살기를 연습하며 하루하루를 엮었습니다.

작은 것들에게서
고독을 채우는 방법을 찾으며
누군가의 답변을 기다리는 새벽입니다.

백마강 변에서 牛山 드림